La Dark Web
El lado oculto de Internet
2da edición

Por

Ojula Technology Innovations

La Dark Web
El lado oculto de Internet

Derechos de autor © **Ojula Technology Innovations**
Publicado en los Estados Unidos

ISBN: 9798396259201

Nota legal

El contenido de este libro es solo para fines informativos y no pretende diagnosticar, tratar, curar o prevenir ninguna condición o enfermedad. Usted comprende que este libro no pretende sustituir la consulta profesional. Por favor consulte con su propio especialista acerca de las sugerencias y recomendaciones hechas en este libro. El uso de este libro implica su aceptación de este descargo de responsabilidad.

El editor y el autor no garantizan el nivel de éxito que puede experimentar al seguir los consejos y las estrategias contenidas en este libro, y usted acepta el riesgo de que los resultados difieran para cada individuo. Los testimonios y ejemplos proporcionados en este libro muestran resultados excepcionales, que pueden no aplicarse al lector promedio, y no pretenden representar ni garantizar que obtendrá resultados iguales o similares.

El editor y el autor, sus comerciantes y distribuidores no serán responsables de los daños causados o presuntamente causados directa o indirectamente por este libro. El autor y el editor se han esforzado por proporcionar información sobre las marcas comerciales de todas las empresas y productos mencionados en este libro. Sin embargo, no puede garantizar la exactitud de esta información.

Tabla de contenido

Cómo Internet lo cambió todo

Internet ha cambiado todo: la forma en que trabajamos, la forma en que vivimos e incluso la forma en que jugamos. Todo el mundo tiene un rincón en Internet. Sean cuales sean sus intereses o creencias, hay algo o alguien por ahí que piensa de la misma manera que usted.

La red mundial nos ha conectado de formas que nunca antes imaginamos. Ahora es un lugar donde casi cualquier persona de cualquier parte del planeta puede reunirse. Internet tiene tantas cosas que la mayoría ni siquiera sabemos que existen.

Si hay algo o cualquier cosa que desee, un producto o servicio, ya sea legal o ilegal, moral o inmoral, Internet lo tiene. Puedes decidir usarlo para bien o para mal.

Niveles web

Hay varios niveles de deep web. Por ejemplo, el nivel más bajo (nivel 1) se denomina web de superficie y generalmente se compone de la parte "abierta al público" de la web. El nivel más alto (nivel 5) se conoce como la Dark Web, a la que no pueden acceder los navegadores web normales y necesita obtener*El enrutador de cebolla* (**Colina**) red o algunas otras redes privadas. La siguiente tabla ofrece un breve resumen del nivel de la dark web:

Level 1	Common web
Level 2	Surface Web Reddit Digg Temp email services
Level 3	Bergie Web Google locked results Honey ports Freehive, Bunny Tube, etc.
Level 4	Charter Web Hacking Groups Shelling Networking AI theorist Banned videos, books, etc.
Level 5	Onion sites Human trafficking, bounty hunters, rare animal trade Questionable materials Exploits, black markets, drugs

Para simplificar, puede dividir Internet en tres categorías separadas.

La red de superficie

La red de superficie es la primera categoría. Es todo lo que usamos a diario: Facebook, Youtube, Twitter o cualquier otra red social. Es solo una parte de lo que se llama la red mundial. La web superficial es un lugar relativamente fácil para encontrar cualquier cosa porque casi todo está indexado por motores de búsqueda como Yahoo y Google.

En cada segundo se publican más de mil fotos en Instagram. En Twitter se publican ocho mil tuits y en Google se realizan setenta mil búsquedas. Casi cien mil videos son vistos en Youtube. Entonces, parece que la red de superficie es enorme, y definitivamente lo es.

Usando el tráfico de búsqueda, se puede encontrar casi todo lo que hacemos. Por ejemplo, puede buscar personas y obtener algún tipo de información sobre ellas e incluso sobre su vida. Sin embargo, lo que no puede encontrar es información como sus registros médicos y cuentas bancarias. Dicha información en realidad está oculta dentro de sitios web protegidos con contraseña donde solo esas personas pueden acceder a ellos. Esto es algo de lo que todos hemos pasado dentro de la web profunda, ¿no es así?

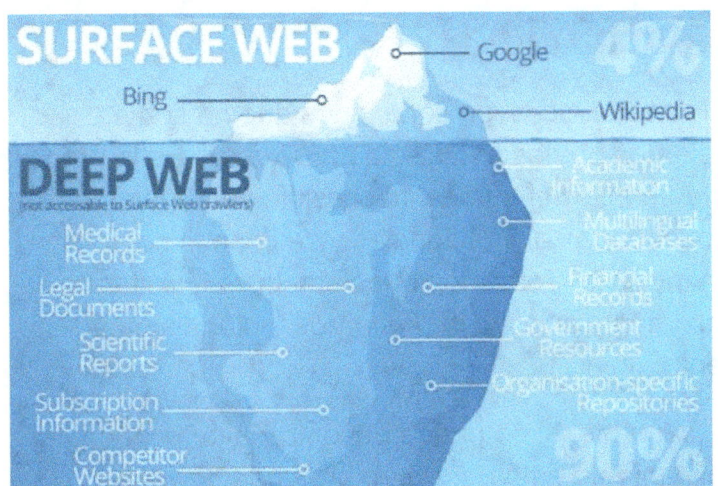

9

La red profunda

En la deep web viven contenidos que no son indexados por los motores de búsqueda. Es la gran parte de Internet que es inaccesible para los motores de búsqueda convencionales y se conoce como la web invisible. Todos los que usan la web visitan virtualmente sitios web profundos a diario sin darse cuenta.

Básicamente, si no puede encontrar algo en Google, técnicamente está en la web profunda. Es muy probable que hayas iniciado sesión en un correo electrónico antes. Así que técnicamente has navegado por la web profunda.

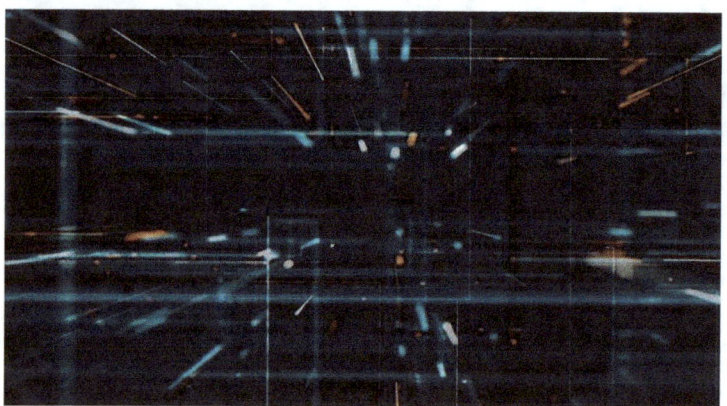

Creo que puede estar un poco decepcionado al escuchar que la web profunda no es tan genial como parece. Es más o menos como la red de superficie, solo que un poco más secreta. Pero de lo que quizás no se dé cuenta es que la web profunda es la parte más masiva de Internet. Este es el por qué.

El noventa y seis por ciento de todo en Internet vive en la web profunda. Esto significa que incluso si se conecta a Internet todos los días y abre nuevos sitios web durante los próximos cincuenta años, ni siquiera tocará el uno por ciento de la gran cantidad de información en Internet. Hay demasiado para que usted pueda pasar, y la mayor parte de lo que ni siquiera podría tener acceso.

La web profunda es la Internet anónima donde es mucho más difícil para los piratas informáticos, espías o agencias gubernamentales rastrear a los usuarios de Internet y ver qué sitios web están usando y qué están haciendo allí.

La Dark Web

Incluso más profundo y más allá que la web profunda, en la más pequeña porción de Internet, se encuentra una parte de la web donde las cosas no salen.

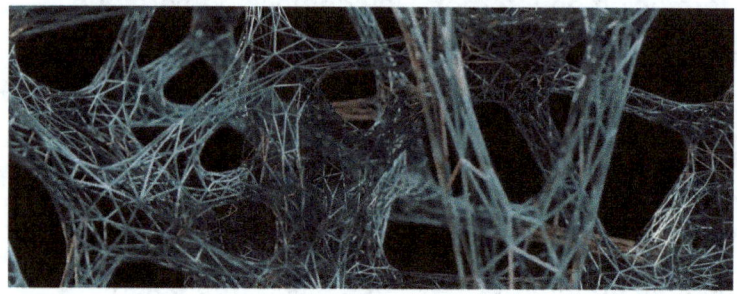

Aquí encontrará sitios web que están encriptados principalmente con el fin de ocultar su existencia. Hay sitios creados a propósito sin direcciones IP para hacerlos casi irreconocibles. A estos sitios solo acceden los usuarios que usan software encriptado para enmascarar completamente sus identidades. ¡Bienvenido a la Dark Web! Aquí, todo y todo vale.

Ahora que ha llegado a la Dark Web, es posible que desee preguntar cómo funciona. Al igual que la web superficial que todo el mundo usa todos los días, la Dark Web contiene muchos foros, sitios web y servicios que podemos usar, pero están protegidos. Están ocultos bajo una superficie donde las actividades oscuras se ocultan del resto del mundo.

La Dark Web es muy profunda y es el refugio seguro para muchas actividades ilegales en línea. Es mucho más profundo de lo que puedes imaginar. La Dark

Web es un lugar donde los depredadores, delincuentes, drogadictos, espías e incluso traficantes de personas se esconden de la vista. Podrías acceder a la dark web en minutos si quisieras, pero la pregunta es, ¿deberías hacerlo?

¿Deberías acceder a la Dark Web?

Hay posibilidades de que el agente del FBI te esté vigilando si estás navegando por la web de superficie. Tal vez no realmente, pero todo lo que la persona promedio hace en línea se puede rastrear de varias maneras. Muchos sitios web rastrean lo que está viendo o buscando y, a su vez, anuncian servicios o productos que se ajustan a esa descripción.

Esto está lejos de ser algo nuevo. Los sitios de comercio electrónico, Google, Facebook y muchos otros sitios de redes sociales son muy culpables de esto. Venden nuestros datos a anunciantes de todo el mundo porque lo aceptamos en sus términos y condiciones que no leímos. Esto no sucede por accidente y tampoco es una coincidencia.

Internet nunca se hizo para ser anónimo. Hay algunas personas que ven esto como una especie de invasión de la privacidad. Pero hay otros que no ven ningún problema en ello. La pregunta es ¿hasta dónde debemos dejar que esto avance antes de que se vuelva realmente malo?

Puede sonar divertido, pero el gobierno de los Estados Unidos también pensó esto hace más de veinte años. El gobierno de los EE. UU. estaba buscando un sistema que pudiera proteger sus comunicaciones mientras estaban en línea. Debido a que Internet no fue diseñado para que todo y todos permanecieran en el anonimato, de alguna manera cualquiera podía interceptar una transmisión del gobierno mientras se retransmitía, y esto no era aceptable. Por lo tanto, a mediados de los noventa, algunos investigadores del laboratorio de investigación naval de EE. UU. comenzaron a trabajar en algo.

La ruta de la cebolla

se llama el **enrutamiento de cebolla**.

Onion Routing

El enrutamiento de cebolla se utiliza para proteger los datos transmitidos al colocarlos esencialmente dentro de múltiples capas de cifrado, de tal manera que la capa más interna contiene el mensaje original. Puedes verlo de esta manera.

Digamos que un mensaje debe enviarse desde el origen hasta el destino, y para que llegue al destino, debe pasar por tres puntos medios. **A**, **B** y **C**. Luego, el mensaje se envuelve de forma segura en 3 capas de cifrado.

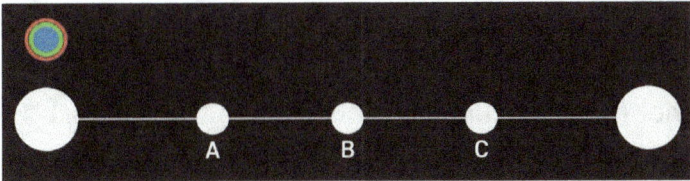

Cada una de estas capas solo conoce la fuente del mensaje y el destino para enviarlo a continuación. No sabe nada más. Por lo tanto, el mensaje o los datos

15

que se enviaron originalmente permanecen ocultos.

En cada punto medio **A**, **B** o **C**, se elimina una capa de cifrado y las nuevas capas de información le indican adónde debe enviar el mensaje.

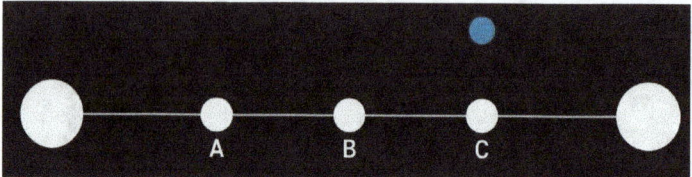

Una vez que el mensaje ha viajado a través de todos los puntos medios, se elimina la última capa y finalmente se revela el mensaje.

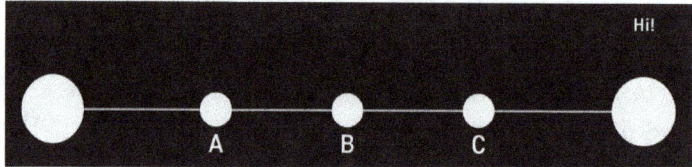

Este tipo de cifrado se utiliza para enviar datos hacia y desde varios lugares sin que sea vulnerable a ninguna intercepción intermedia. En otras palabras, no hay nadie más que pueda verlo. Son solo aquellos que se supone que deben hacerlo.

Redes oscuras y Tor

Darknet (o red oscura) es sinónimo de Dark Web. es una colección de redes y tecnologías utilizadas para compartir contenido digital. La red oscura está oculta para los usuarios que navegan con navegadores normales o estándar. También oculta direcciones web y ubicaciones de servidores. La siguiente tabla muestra la diferencia entre la web superficial, la web profunda, la Dark Web y la red oscura.

	Surface Web	Deep Web	Dark Web	Dark Net
Description	Content that search engine can find	Content that search engine cannot find	Content that is hidden intentionally	–
Known as	Visible web, indexed web, indexable web, lightnet	Invisible web, hidden web, deep net	–	Underbelly of internet
Constitutes	Web	Web	Web	Network
Contents	Legal	Legal+illegal	Illegal	Illegal
Information Found	4%	96%	–	–
Browser	Google Chrome, Mozilla Firefox, Opera, etc.	–	Tor Browser	Freenet, Tor, GNUnet, I2P, OneSwarm, RetroShare

Redes oscuras como**Colina** utilice la ruta de la cebolla. Las redes oscuras funcionan junto con otras redes en Internet, pero requieren cierto software para acceder.

Colina es un acrónimo de**T**él **O**le dije **R**exterior. Es un software que lleva el nombre de la tecnología que se utiliza para crearlo. Se parece mucho a cualquier otro navegador web común. Sin embargo, a través de Tor y otras redes oscuras similares, puede acceder a páginas web que normalmente no están disponibles para el público en general.

Tor es un habilitador clave del anonimato en la comunicación. Lanzado originalmente en 2002, ha experimentado un desarrollo riguroso a lo largo de los años. El software está basado en Mozilla Firefox y desde entonces imita la interfaz de usuario de Mozilla. Ha ganado popularidad con el auge de las tiendas darknet que han ganado fama debido a la naturaleza de las actividades ilegales que han estado realizando, como la venta de drogas.

Tor es capaz de dirigir el tráfico a través de una red especial establecida y administrada por voluntarios. El tráfico que fluye a través de Tor pasa por 7000 repetidores (capas de encriptación) que ocultan efectivamente la ubicación de destino. Por lo tanto, es difícil que los usuarios de esta red se identifiquen individualmente a través del análisis de tráfico, ya que la cadena es muy larga.

Las actividades de los usuarios de Tor, como los sitios web que visitan, las publicaciones que realizan, los mensajes que envían y reciben, no se pueden rastrear hasta ellos. Esto convierte a Tor en un refugio seguro para las personas que tienen algo que ocultar.

También hay muchos usuarios de Tor que lo utilizan para los fines legítimos para los que fue creado. En este capítulo haré una discusión en profundidad de Tor.

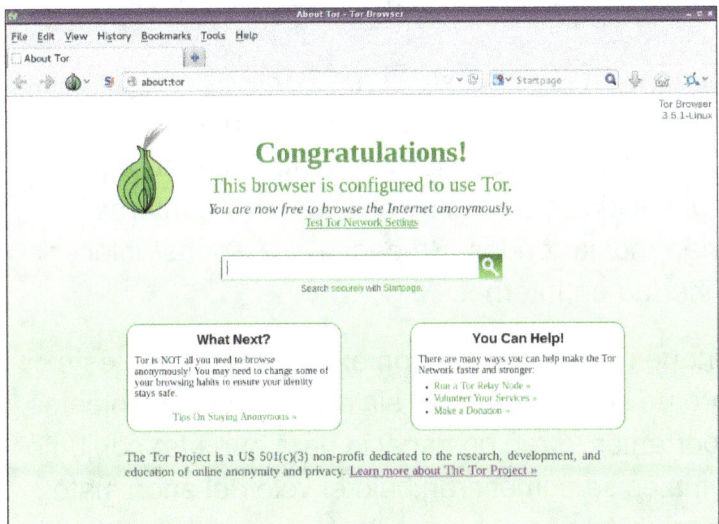

Los requisitos y las herramientas que necesita para

acceder a la Dark Web son suficientes para atraer a diferentes tipos de personas de todo el mundo. Los enlaces de las páginas no se parecen a youtube.com, ni parecen familiares de ninguna manera.

Más bien, solo se ven como cadenas aleatorias de caracteres. No terminan en punto com o punto org con el que está muy familiarizado. En cambio, terminan en un punto de cebolla. No puede acceder a estos sitios web con ninguno de los navegadores web tradicionales como Google Chrome o Mozilla Firefox. Nunca funcionará. Pero si usas Tor, lo hará.

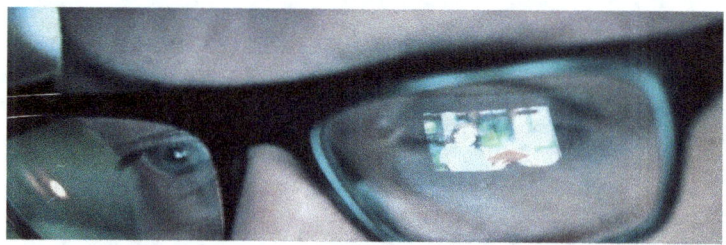

La intención principal de la red Tor era proteger la privacidad del usuario. Tor llegó como una solución bienvenida para aquellos que tenían preocupaciones de privacidad de que sus actividades en Internet serían monitoreadas. Se pensó que Tor establecería la libertad en Internet.

Aunque ha establecido con éxito esa libertad, este logro no se ha producido sin algunos inconvenientes importantes. Creó un espacio para que otro conjunto de males se cometieran bajo el velo del anonimato. Tor también tiene algunas limitaciones. La red puede ocultar las huellas de la actividad de Internet de un usuario. Sin embargo, su exclusivo sistema de retransmisión de tráfico facilita que los servicios en línea determinen que un usuario está accediendo a ellos desde Tor. Hay algunos sitios web que tienen restricciones de acceso a través de Tor.

Los desarrolladores de Tor no se han concentrado en implementar funciones en el software para evitar que los sitios web determinen cuándo se ha accedido a ellos a través de Tor.

El mecanismo de enrutamiento de Tor es complejo. Implementa encriptación en la capa de aplicación del modelo OSI (Open Systems Interconnection). Los datos cifrados incluyen los de la dirección IP del dispositivo al que están destinados los paquetes. Estos datos, que son esenciales para el flujo de tráfico, se cifran varias veces y luego se envían a través de un circuito virtual. El circuito se compone de múltiples relés Tor que se colocan en sucesión.

Cuando un repetidor recibe tráfico, descifrará una capa solo para encontrar el próximo repetidor para que pueda pasarle los datos cifrados. Cuando los datos llegan al último relevo, que podría ser el relevo número 7000 por el que pasarán los datos, los datos se descifran y luego se envían a la dirección IP de destino sin mostrar la dirección IP de origen.

En resumen, para cada paquete de datos, Tor eliminará parte del encabezado del paquete que contiene información sobre la fuente. Luego, este paquete se cifra y se ingresa en la red superpuesta.

Luego, el paquete se mueve alrededor de los servidores Tor comúnmente conocidos como retransmisiones hasta que llega a su destino. El destino no conoce el origen del paquete; por lo tanto, si es interceptado, no se descubrirá información significativa sobre la ruta utilizada.

Esa es la Dark Web para ti o al menos tu primer paso en ella.

El wiki oculto

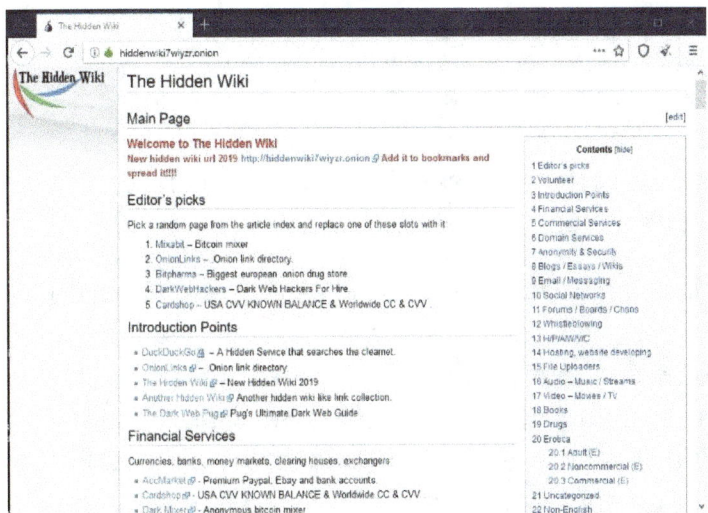

Esta es la Wiki oculta. Contiene varios cientos de diversos servicios ocultos disponibles en la dark web. Es fácil encontrar pasaportes y licencias de conducir de EE. UU. falsos. Puedes encontrar drogas y armas ilegales. Están todos aquí.

Y apenas estás arañando la superficie. Al igual que en la web superficial, hay mercados extremadamente populares en la Dark Web. Aquí puede obtener cosas que puede tener dificultades para comprar en otros lugares, como lanzacohetes.

Por supuesto, estoy totalmente en contra de hacer algo como esto. Sin embargo, suponiendo que quisieras comprar cosas de sitios web en la Dark Web, así es como lo harías.

Las formas de pago tradicionales no tienen sentido en la dark web. Me refiero a que cosas como las tarjetas de crédito se pueden rastrear fácilmente, eliminando así el anonimato de las cosas, lo que podría llevarlo a la cárcel. Por lo tanto, la moneda virtual se convierte en el rey. Aquí es donde**Bitcoin** viene en.

Debido a la naturaleza casi anónima de Bitcoin, se ha utilizado junto con otras criptomonedas como eje para ejecutar cualquier mercado anónimo. Para tener su moneda anónima simplemente cree una billetera Bitcoin. Luego cambie parte de su efectivo por Bitcoins. Entonces puedes hacer casi cualquier cosa que quieras con él.

Una de las primeras cosas que viene a la mente de cualquiera de la Dark Web es la gran cantidad de sitios que venden drogas ilegales y otros artículos similares. ¡Sí, son reales!

La ruta de la seda

Por ejemplo, en 2011 se inauguró un mercado de darknet conocido como Silk Road. Desde entonces, se convirtió casi en sinónimo de la dark web. Podrías comprar muchas drogas ilegales que quieras allí. Muchos vendedores de todos los rincones del mundo vendían cosas como hierba, cocaína, LSD y DMT. Si no quiere comprar drogas, también puede comprar cosas como dinero falso, armas, algo de ropa y libros.

Desafortunadamente, después de solo 2 años de que comenzó a operar, el sitio de Silk Road fue incautado por el FBI. Fue retirado en octubre de 2013.

Pero solo en el transcurso de estos dos años (de 2011 a 2013), Silk Road obtuvo más de 9,5 millones de Bitcoins en ingresos.

Ahora vamos a desviarnos un poco de esto. Si vendió estos Bitcoin cuando estaba en su precio máximo en

2017 (es decir, aproximadamente USD 20,000), los ingresos totales de Silk Road serían de más de USD 186 mil millones, en solo 2 años. Entonces, Silk Road y otros mercados similares de la Dark Web realmente jugaron un papel importante. papel importante en hacer que Bitcoin se eleve hasta el punto que es hoy.

Tenga en cuenta que en 2011, cuando se creó Silk Road, bitcoin valía menos de un dólar. Sin embargo, debido a que la Dark Web prácticamente requería una criptomoneda descentralizada, bitcoin era la elección perfecta.

Bitcoin y Ross William Ulbricht

Hablando honestamente, Bitcoin no habría llegado a este punto hoy sin un poco de actividad ilegal.**Ross Guillermo Ulbricht**, el hombre que creó la red oscura, fue encontrado y detenido en 2013, por lo que el sitio finalmente fue eliminado.

Ross recibió 2 cadenas perpetuas además de 40 años de prisión sin siquiera la posibilidad de libertad condicional.

Sinceramente, me parece tan injusto. Aunque hay muchas actividades ilícitas en la Dark Web, no son tan masivas como muchas personas pretenden. Hay muchos servicios más grandes que también fueron cerrados por el FBI o incluso por un gobierno local.

Sin embargo, donde haya demanda, inevitablemente aparecerá la oferta. Cuando se cierra un sitio, se abren 5 nuevos para llenar el espacio.

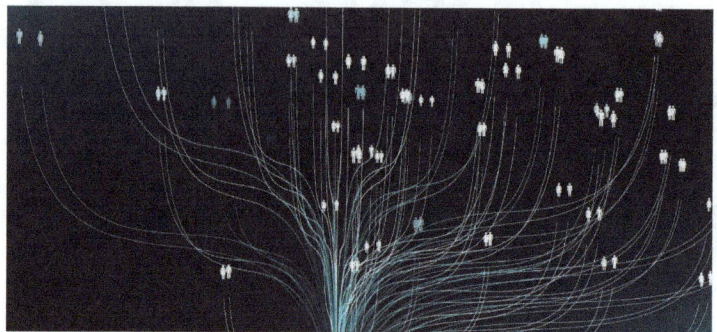

Por ejemplo, después de que se derribó Silk Road, se abrió Silk Road 2.0. Silk Road 2.0 también se eliminó menos de un año después. Poco después, se lanzó Silk Road 3.0. Es divertido, pero esto ha continuado año tras año.

Hay muchos administradores y creadores de estos sitios que también fueron encontrados y condenados por delitos similares a los de Ross Ulbricht. Sorprendentemente, en lugar de darles a todos cadena perpetua, sus sentencias fueron mucho más cortas.

Por ejemplo, el mayor vendedor de Silk Road fue condenado a solo 10 años de prisión. La persona que creó Silk Road 2.0 fue sentenciada a poco más de 5 años de prisión por crear exactamente lo mismo que le dio a Ross Ulbricht 2 cadenas perpetuas en la cárcel. Casi todos los demás que tenían una conexión con cualquiera de esos sitios fueron condenados a un máximo de diez años de prisión.

Cómo te afecta la Dark Web

La Dark Web te afecta, incluso si nunca la has visitado, o incluso si no sabías que existía. Las violaciones y filtraciones de datos son bastante comunes en estos días. Si tiene algunos datos almacenados en la base de datos de una empresa y se vieron comprometidos, hay grandes posibilidades de que puedan venderse en algún lugar de la Dark Web donde cualquiera que tenga acceso a ellos pueda comprarlos.

Si estás en la Dark Web y aún no sabes qué comprar con tu dinero, escúchame. Los números de seguridad social (SSN) se pueden vender por tan solo USD 0,99. Como ya sabrá, el SSN es un número que se le da a cada ciudadano de los Estados Unidos, pero puede usarse para robar la identidad de otra persona.

botnets

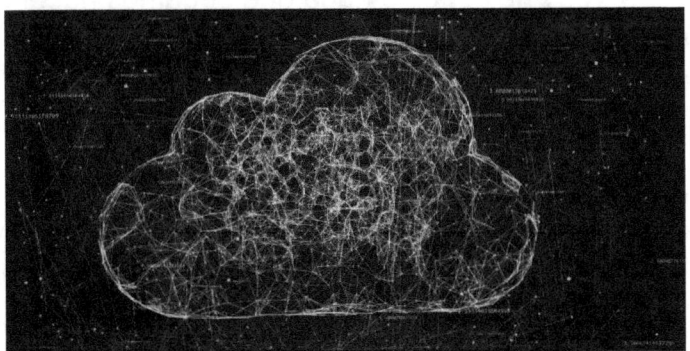

Las botnets también son muy económicas. Por menos de USD 5 por hora, puede usar DDoS (un acrónimo de**D**distribuido**D**enial**OFS**service) para atacar y, básicamente, desconectar casi cualquier servicio o sitio web durante algún tiempo. Las redes de bots se utilizan a menudo para perturbar los negocios y pueden afectar gravemente a las personas a las que se dirigen. ¿Alguna vez has jugado videojuegos en línea antes? Entonces esto probablemente te lo han hecho a ti.

Violaciones de datos

Por tan solo USD 50, puede comprar fácilmente los registros médicos de alguien. También puede comprar tarjetas de crédito robadas. Simplemente compre uno, acumule la factura y luego nunca lo pague. Gran parte de los datos de la dark web ni siquiera están a la venta. Simplemente están ahí fuera de forma gratuita.

Es fácil encontrar sitios web que filtran información de

celebridades, políticos e incluso personas normales como tú y yo, y hay poco o nada que podamos hacer al respecto. En estos días, se ha vuelto mucho peor que esto porque hay otras cosas extrañas y más oscuras que se encuentran en la Dark Web.

Servicios de sicarios

Hay muchos servicios de sicarios que afirman que pueden matar a cualquiera en el mundo por tan solo USD 5,000.

Aunque se revela que la mayoría de estos son estafas, ciertamente no todos. Incluso si los descarta como meras estafas, el hecho de que haya personas en la Dark Web que confíen en personas aleatorias para ejecutar asesinatos reales sigue siendo un tema preocupante, por decir lo menos.

Tráfico de órganos humanos y pornografía infantil

La Dark Web también tiene varios servicios que venden órganos humanos reales. Es posible que no sepamos cómo los adquirieron, pero ciertamente, si necesita uno, está allí en la Dark Web.

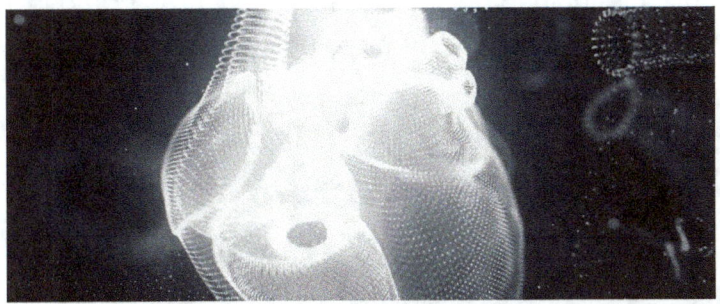

Desafortunadamente, la pornografía infantil es una parte más grande de este esquema de lo que quiero admitir.

Sitios como **ciudad lolita** y **Corralito** ahora se han eliminado, pero durante los picos de su operación tenían más de 201,000 usuarios.

Todavía existen formas similares de estos sitios que tienen varias formas de secuestrar niños pequeños de diferentes ciudades del mundo.

En la Dark Web hay varias discusiones sobre cómo

33

esconder a estos niños, el tipo de niños que querían o tenían, e incluso discusiones más oscuras como lo que les harían cuando no hay nadie más alrededor.

Esta es solo una pequeña mirada a este rincón oscuro y profundo de Internet.

Como no hay reglas aquí, cualquier cosa puede existir. Cuanto más profundice en la fea Dark Web, más cosas aterradoras descubrirá y, a menudo, se sorprenderá mucho cuando sepa la reputación que tiene la Dark Web.

El desafío del cibercrimen

En la Dark Web, la seguridad es crucial porque se utiliza para generar confianza y seguridad en el uso de las tecnologías de la información para garantizar la confianza por parte de la sociedad de la información. Si no hay seguridad en el ciberespacio, la confianza se verá socavada en la sociedad de la información. Es por eso que hay tantas intrusiones en todo el mundo que resultan en el robo de activos, dinero, información sensible militar, económica y comercial.

Con información que traspasa los límites de varios sistemas legales conectados a diferentes redes en todo el mundo, tenemos una necesidad creciente de proteger la información personal, los activos, los fondos, así como la seguridad nacional. Por este motivo, tanto el sector público como el privado están ganando interés en la ciberseguridad.

Con las aplicaciones emergentes de la informática y la TI, el delito cibernético es ahora un gran desafío en todo el mundo. Muchos ciberdelincuentes todos los días intentan atacar los sistemas informáticos para acceder ilegalmente a ellos.

Cada mes se lanzan miles de nuevos virus informáticos y spam que se utilizan para dañar muchos sistemas informáticos, robar o destruir sus datos. Estas amenazas son costosas, tanto en términos de calidad como de cantidad.

Recientemente, los expertos en sistemas se han preocupado más por la protección de los sistemas informáticos y de comunicación frente a estos crecientes ataques cibernéticos. También hemos visto intentos deliberados por parte de personas no autorizadas de acceder a los sistemas informáticos con el objetivo de robar datos cruciales, realizar transferencias financieras ilegales y perturbar, dañar, manipular datos o ejecutar cualquier otra acción ilegal.

A medida que ha avanzado la seguridad informática, mantener la persistencia de la red se ha vuelto más difícil. Según el Centro de Seguridad Cibernética de Australia (**ACSC**), la cultura se ha adaptado a este entorno, centrándose en objetivos de bajo riesgo y alta recompensa para lograr sus objetivos, con un enfoque en el desarrollo de metodologías de ingeniería social para implementar nuevos ataques.

Es la naturaleza omnipresente de Internet lo que ha permitido a estas personas nefastas obtener perfiles cada vez más detallados de las personas a través de la explotación y el análisis de sus huellas digitales. Esto ha resultado en tasas más altas de ataques de phishing selectivo, robo de identidad y fraude, y el desarrollo de herramientas de malware altamente especializadas.

Existen muchos riesgos y trampas en los incidentes de ciberseguridad que pueden afectar seriamente los sistemas informáticos y de red. Puede deberse a controles de ciberseguridad inadecuados, desastres naturales o provocados por el hombre, o usuarios malintencionados.

¿Puedes conocer a los usuarios de la Dark Web?

Muchas personas que han sido arrestadas y encarceladas por actividades ilegales que llevaron a cabo en la Dark Web ni siquiera parecen físicamente amenazantes de ninguna manera. Cuando ves a alguno de ellos, no puedes saberlo, porque no se parecen en nada a alguien que pueda dirigir un imperio de drogas en línea o contratar a un asesino a sueldo por un par de Bitcoin sin ponerse en peligro porque no tienen que hacerlo. ser.

Simplemente se ven como personas normales que podrías ver caminando por la calle todos los días o haciendo fila detrás de ti en una tienda de comestibles. Debido a que se ven como personas normales, nunca sospecharías de ellos ni sabrías los crímenes de los que son parte con solo mirarlos.

Datos y cifras de la Dark Web

La Dark Web es el subsuelo criminal más grande donde se esconden muchas de las peores personas de nuestra sociedad.

Lo creas o no, esto no está lejos de ser cierto. Hay afirmaciones de que hay alrededor de 3000 a 12,000 de estos sitios web extraños y ocultos en la Dark Web y un poco más de la mitad de ellos se consideran contenido ilícito.

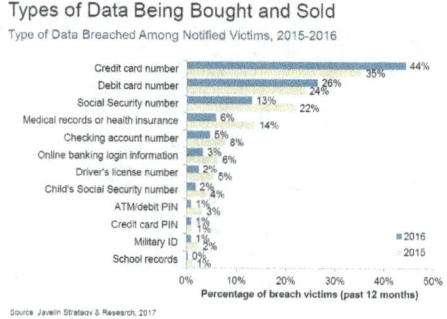

Bueno, es posible que no tome estas cifras como un hecho porque, por diseño, los servicios ocultos están destinados a estar ocultos. De estos 3000 a 12 000

sitios web, un poco menos del 6% de las personas que usan Tor realmente usan sus servicios ocultos. De los miles de millones de personas que usan Internet, alrededor de 105,000 usan la Dark Web. De los miles de millones de sitios web que existen, unos pocos miles de ellos se consideran ilícitos.

Esto ciertamente es solo una gota de agua en el océano, pero no debería sorprenderse de que también sea por eso que no todos en el mundo son realmente tan genuinos como parecen. Bueno, esa es la apuesta que tomas. Ese es el precio que pagas por esto.

Aunque existen partes oscuras de la web, hay otras partes que existen solo para ayudar al resto del mundo. También hay muchos países en todo el mundo que detectan contenido de Internet que consideran obsceno, como poderes superiores como los gobiernos.

Efectos positivos de la Dark Web

En primer lugar, debido a que la Dark Web proporciona un refugio seguro sin ningún tipo de censura, revela la verdad en varias situaciones que, de otro modo, la gente nunca hubiera visto. Brinda a las personas la oportunidad y la conveniencia de hablar e informar verdaderamente sobre cosas que son cruciales sin temor a ningún tipo de censura o incluso amenazas físicas.

Además, hay muchas grandes redes de noticias que abren y operan servicios web oscuros para que las personas normales se presenten y brinden información sin temor a ser arrestados o cualquier tipo de ridículo público.

Hablando sinceramente, todos nosotros ponemos toda nuestra vida en Internet en este momento.

Hace unos 10 o 15 años, esto habría parecido francamente estúpido o absurdo, pero ahora parece bastante normal. De alguna manera, estamos renunciando gradualmente a la privacidad en Internet, pero la Dark Web la proporciona de alguna manera. Si está de acuerdo conmigo, nos brinda una manera fácil de recuperar nuestro anonimato y privacidad. Sin embargo, depende de nosotros usarlo de manera positiva o negativa.

Otro efecto positivo que encuentro es que las drogas que se venden en la dark web, aunque la mayoría son ilegales, pueden tener algunos usos positivos. Por ejemplo, si no se venden donde vives, puedes comprarlos en la dark web.

Aunque los gobiernos del FBI y muchas otras personas todavía creen que Silk Road tuvo efectos inmensamente negativos sobre nosotros, Russell William Ulbricht pensó lo contrario. Dijo que estaba haciendo un servicio al mundo.

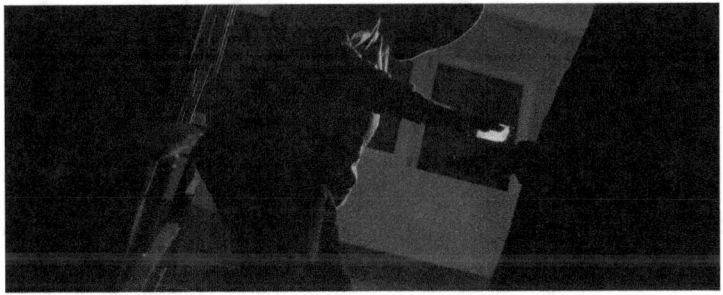

Para reducir la violencia que resulta del tráfico y comercio de drogas ilegales, Russell proporcionó una experiencia más segura y genuina.

Según Russell, Silk Road trajo oportunidades a las masas y las protegió, sin ponerlas en riesgo. Sin embargo, a pesar de su aparente naturaleza pacífica y no dañina, Russell Ulbricht fue una de las personas que realmente usó esos servicios de sicarios en la

Dark Web en sus intentos de matar a 6 personas diferentes.

¿La Dark Web es un lugar bueno o malo?

Personalmente, creo que todo depende de cómo lo veas e interpretes. La Dark Web no tiene por qué ser un lugar terrible. Puede ser un buen lugar para ti si no fueras a buscar cosas que no deberías o no quieres ver. No necesariamente puedes deshacerte de esas cosas, pero puedes evitarlas. Hay ciertas cosas que una persona promedio o normal simplemente no debería ver.

Entonces, si no quiere ser víctima de esto, manténgase alejado de la Dark Web.

10 formas inteligentes de mantener segura su identidad en Internet a diario

Use los siguientes consejos para mantener su identidad segura todos los días:

1. Haga que sea difícil para otras personas obtener crédito a su nombre.
2. Ponga contraseñas seguras en todos sus

teléfonos móviles y otros dispositivos.

3. Configure la autenticación de dos factores en su correo electrónico y cuentas financieras.
4. No realice operaciones bancarias en línea ni compre en un café local.
5. Instala protección antimalware en todos tus dispositivos
6. Actualice los sistemas operativos y otro software en sus dispositivos regularmente
7. Automatice sus actualizaciones de software
8. No proporcione información personal a través de mensajes de texto, correo electrónico o en su teléfono
9. Sea muy atento y cuidadoso al hacer clic en enlaces o abrir archivos adjuntos de correo electrónico
10. Cifre y haga una copia de seguridad de sus datos

Ya sea que creas o no que la Dark Web es tan mala como la gente cree que es, o si hoy es la primera vez que escuchas sobre ella, te recomiendo encarecidamente que no te metas en ella. Eso es porque es posible que no sepa en lo que se está metiendo y porque una vez que está adentro, no quiere irse.

Más sobre la Dark Web

Internet es un conjunto de activos de hardware que consiste en múltiples nodos, donde cada nodo es un servidor o sistemas de clientes como laptops, computadoras, etc. En los primeros días, los datos se transferían o compartían utilizando Internet. En 1989, Tim Berners-Lee introdujo la web, en la cual los datos se acceden a través de enlaces de hipertexto o páginas web.

La web es un software que se ejecuta a través de Internet para brindar servicios a los usuarios. Solo el 4-6% de toda la web o las páginas web (web superficial) están indexadas en motores de búsqueda como Google, Yahoo, etc. Sin embargo, la web que no está indexada en los motores de búsqueda es 400 veces más grande que la web superficial, también conocida como web profunda.

La web profunda solo se puede acceder a través de un enlace especial o con permiso especial para acceder a los datos en la nube o servidores especializados que no se pueden encontrar en ningún motor de búsqueda. Los sectores gubernamentales, los datos privados de los bancos, los datos en la nube, etc., son ejemplos de la web profunda. Los datos en la web profunda son tan sensibles y privados que se mantienen en secreto. Estos datos solo están permitidos para el acceso de personas específicas.

Existe un subconjunto de la web profunda

denominado dark web. La figura a continuación muestra la diferencia entre la web superficial, la web profunda y la dark web.

La dark web permite a un usuario alojar un sitio web en una red específica llamada darknet, que siempre se mantiene en el anonimato.

La red utilizada por el usuario para mantener el anonimato es la darknet. La darknet es una red construida sobre Internet que está completamente encriptada. Tradicionalmente, cuando un usuario visita cualquier sitio, son rastreados a través de su dirección de Protocolo de Internet (IP). Sin embargo, la darknet mantiene la privacidad a través de software de anonimato especializado y configuraciones de acceso. Una de esas darknets es Tor (proyecto "The Onion Routing").

Tor y la Dark Web

La arquitectura TOR proporciona dos servicios básicos: navegación anónima y alojamiento de intercambio de información anónima. Estos servicios son proporcionados por un software especial llamado "Tor Browser". No hay requisitos técnicos especiales para que estos servicios estén integrados. De hecho, la navegación es más popular que el alojamiento. Ningún usuario de Tor ha visitado ningún sitio web oculto en una dirección .onion. Lo más probable es que todos los usuarios simplemente utilicen el navegador Tor para navegar por el espacio de direcciones convencional de Internet de manera más segura.

Por ejemplo, Mary, que vive en un pueblo pequeño, quiere comprar una prueba de embarazo pero no quiere ser vista haciéndolo por el dueño de la tienda. Peter, un amigo del padre de Mary, usa una máscara, toma rutas alternativas y paga en efectivo. Peter no podrá identificarla ni rastrearla.

Además, la privacidad y el anonimato de Mary están garantizados. La navegación anónima no es realmente parte de la "dark web", pero es un servicio legítimo e impresionante proporcionado por Tor. El propósito subyacente era crear una red distribuida, anónima, fácilmente desplegable y cifrada para ser utilizada por aquellos que la necesitaran.

Específicamente, se ofreció como un servicio gratuito para promover el acceso sin restricciones a Internet en lugares donde se aplicaba una fuerte censura en línea. Chaum y otros en 1981 proporcionaron una forma de acceder a través del enrutamiento en cebolla. Para que un usuario acceda al sitio web de manera segura, la persona debe ser enrutada a través de una serie de servidores intermedios.

Las rutas resultantes entre los servidores se denominaban "circuitos". Cada paquete de información que se transmitía a través de la red se encapsulaba en múltiples capas de cifrado, que solo podían ser eliminadas secuencialmente por el nodo siguiente en el circuito.

En consecuencia, los nodos intermedios solo podían descifrar una capa del cifrado, lo que impedía el acceso a los datos subyacentes y a su origen. El último salto, o nodo de salida, revelaría el paquete original y procedería a entregarlo al destino deseado, protegiendo así la identidad del remitente.

Como resultado, interceptar y descifrar la información a lo largo de su camino sería significativamente más difícil, aunque no imposible. La dark web atrae a personas que realizan actividades ilegales, como comercio, foros y intercambio de medios para terroristas, etc., sin ser atrapados. "Silk Road" es un sitio de la dark web que se utiliza para vender drogas y ya ha sido cerrado por el FBI. Friend-Friend y Freenet también son dark webs proporcionadas por darknet, utilizadas para transferir archivos de forma anónima.

El Tamaño de la Economía de la Dark Web

La dark web, un océano de actividades ilícitas llevadas a cabo a menudo por personas para comerciar con datos robados, dólares, etc. En 2016, The Economist informó que el lado de las drogas en la dark web creció desde aproximadamente $15 en 2012 hasta $150 millones en 2015.

En cuanto a estimar la economía en su totalidad, la dark web ha frustrado todos los intentos de obtener información y realizar transacciones monetarias. Juniper Research predijo un aumento del 175% en el cibercrimen de la dark web para el año 2023.

Esto se suma a los 12 mil millones de registros que se esperaba que se utilizaran en 2018, lo que podría resultar en un total acumulativo de 146 mil millones de registros de transacciones a los que se accederá en el año 2023.

También hay una creciente economía de servicios dentro de la dark web, como hackers a sueldo, sicarios y otros proveedores de servicios que no pueden anunciarse en canales tradicionales. No es ningún secreto que 2017 está siendo el año más notorio en la historia en cuanto a la venta de ransomware en la dark web.

Incluso un consumidor casual de noticias puede sentir los ataques de ransomware, que han costado una estimación de mil millones de dólares a empresas de todo el mundo este año. La Unidad de Análisis de Amenazas (TAU) de Carbon Black aprovechó su propia red de inteligencia para investigar las partes más profundas y oscuras de la web, donde actualmente se crean, compran y venden ransomware en economías subterráneas en rápido crecimiento. La investigación encontró que, en el año fiscal 2016-2017, hubo un aumento del 25.2% en la venta de ransomware en la dark web.

Este aumento a gran escala se debe a la oferta y demanda de la economía mundial. Los ciberdelincuentes buscan cada vez más oportunidades para ingresar al mercado y obtener dinero rápidamente a través de una de las muchas ofertas de ransomware disponibles en economías ilícitas. Además, un aspecto fundamental del ransomware es su facilidad de uso.

A diferencia de otras formas de ciberataques, el ransomware se puede implementar rápidamente con una alta probabilidad de obtener beneficios. La información interesante es que las economías de la dark web también están capacitando a los delincuentes más novatos para lanzar ataques de ransomware mediante kits de bricolaje, y proporcionando a los investigadores de ransomware exitosos ingresos anuales de seis cifras.

Principales Hallazgos Del Ransomware En La Dark Web

• Actualmente, más de 63,000 mercados de la dark web están vendiendo ransomware con 45,000 listados de productos. Los precios de los kits de bricolaje (DIY) oscilan entre $0.50 y $3,000.

• En comparación con el año 2016, el mercado de ransomware en la dark web en 2017 ha crecido a una tasa del 2,502%. Según el FBI, los pagos de rescate totalizaron alrededor de $1 mil millones en 2016, frente a los $24 millones en 2015.

• Según cifras de Payscale.com, los vendedores de ransomware ganan más de $100,000 al año simplemente vendiendo ransomware, sin embargo, los desarrolladores legítimos ganan como máximo $69,000.

• Las innovaciones más notables que contribuyen al éxito de la economía del ransomware en la dark web han sido la aparición de Bitcoin como forma de pago y Tor como red de anonimato.

• Los vendedores de ransomware se especializan cada vez más en áreas específicas de la cadena de suministro, lo que contribuye aún más al auge y desarrollo económico del ransomware.

Regular El Dark Web

Regular el dark web ha sido un desafío para los reguladores en términos de aplicación. En 2013, el FBI cerró Silk Road (Van Hout et al, 2013), un popular mercado de drogas en el dark web.

Silk Road 2 apareció en 2014 antes de que el FBI cerrara Silk Road. Por supuesto, surgió Silk Road 3. Además de la dificultad para erradicar nuevos mercados, OpenBazaar ha proporcionado código de código abierto que permite mercados descentralizados similares a cómo los torrents permiten compartir archivos descentralizados. Por lo tanto, la economía del dark web continúa creciendo a pesar de los mejores esfuerzos de las autoridades.

Un estudio reciente de investigadores del King's College London proporciona el siguiente desglose del contenido por una serie de categorías alternativas, resaltando el uso ilícito de los servicios .onion para el acceso a las dark webs. El objetivo de este capítulo propuesto es explotar el acceso ilegal a las Dark nets (Greenberg, 2014) a través de las webs y los usuarios beneficiados a través de las webs. Además, este capítulo explica las acciones tomadas por las agencias nacionales, como la oficina de ciberdelincuencia y ciberseguridad (Manikandakumar et al, 2018), en relación al dark web.

Dark Web Y Sus Servicios

Botnets

Los actores de amenazas cibernéticas utilizan foros en la dark web para localizar y participar en "oportunidades de botnets". Los foros en la dark web se utilizan para todos los procesos de piratería y para inversiones en minería silenciosa de criptomonedas, lo que también se ha convertido en un escenario activo para el comercio de botnets y ataques cibernéticos basados en botnets.

Una vez que un actor de amenaza cibernética toma el control de una computadora utilizando cualquier programa malicioso, obtiene acceso completo a la computadora y el actor es libre de usar el sistema para ataques de denegación de servicio distribuido (DDoS), como enviar correos electrónicos no deseados, realizar ataques de phishing, propagar malware y otros tipos de ataques. En esencia, los hackers pueden utilizar las botnets como armas para propagar actividades maliciosas.

Las dark nets proporcionan al hacker una plataforma a través de la cual se pueden reclutar ejércitos de botnets. Algunos ciberataques consumen una gran cantidad de botnets y requieren un período de preparación más largo con esfuerzos más intensivos por parte de los hackers.

Por ejemplo, para generar un ataque DDoS exitoso contra una gran corporación de servidores DNS, el hacker tendría que reclutar un mayor número de botnets que enviarían consultas repetidamente hasta que el servidor se bloquee. El hacker puede reducir parte de la carga de preparación comprando algunas de las botnets en un foro de la Dark Web. Con una creciente conciencia de la vulnerabilidad de los dispositivos, es probable que los actores de amenazas cibernéticas utilicen botnets cada vez más atractivas.

Las ventajas de las botnets basadas en la red Tor son:

• Alta disponibilidad y bajo tiempo de inactividad de los servicios ocultos de Tor autenticados.

• Disponibilidad razonable de redes privadas de Tor.

• Capacidad de inundación de nodos de salida.

El análisis de tráfico generalmente es monitoreado por Agencias de Cumplimiento de la Ley (LEAs, por sus siglas en inglés) para detectar diversas actividades relacionadas con botnets y localizar sus servidores de control y comando (C&C). Esto se logra utilizando analizadores de red y sistemas de detección de intrusiones. Una vez monitoreada y detectada, las LEAs tienen varias opciones para erradicar una botnet.

• Bloquear las direcciones IP del servidor de C&C.

• Limpiar el servidor utilizado para alojar la botnet y otros hosts comprometidos.

• Revocar el nombre de dominio(s). • Excluir al proveedor de alojamiento de la red. El tráfico de la botnet se redirige al servidor de C&C a través de la red Tor, lo que lo encripta y dificulta su análisis. Hay 2 modelos de botnet basados en la red Tor.

Modelo de Botnet basado en Proxy de Tor2Web:

El procedimiento de enrutamiento redirige el tráfico de internet .onion a través del proxy de Tor2Web. El bot se conecta al servicio oculto de Tor a través del proxy de Tor2Web, que apunta a un dominio .onion que aloja el servidor de control y comando (C&C).

Malware consciente de Proxy a través de la red Tor:

Este modelo utiliza malware consciente de proxy. Como no se utiliza el servicio Tor2Web, el bot debe ejecutar los clientes de Tor en las máquinas infectadas. Los bots deben tener soporte SOCKS5 para poder acceder a las direcciones .onion en la red Tor mediante la ejecución de Tor en las máquinas infectadas.

Servicios de Bitcoin

Dos palabras fijadas indeleblemente en la mente de muchas personas relacionadas con bitcoin son Silk Road, el mercado original de la dark web. Silk Road se hizo famoso por permitir la venta de drogas y otros artículos ilegales en línea. Son simplemente mercados digitales creados utilizando tecnologías que generalmente fortalecen el bitcoin.

Al menos, aceptarán bitcoin como método de pago debido a sus características cuasi anónimas. Eso es lo que sucedió con Silk Road, que fue uno de los primeros mercados oscuros en la web, creado por Ross Ulbricht.

Al principio, Silk Road era un mercado digital que conectaba a vendedores de drogas ilegales con posibles compradores. Los vendedores anunciaban sus productos en listas mantenidas por Silk Road, que eran similares a los listados que se pueden encontrar en cualquier mercado legítimo de comercio electrónico.

Cuando un usuario final decidía comprar drogas a través del sitio web, generalmente no quería enviar dinero directamente a la persona. El tráfico de drogas no es un negocio confiable donde el cliente que utiliza Silk Road era anónimo. Esto facilitó que los estafadores se quedaran con el dinero de los clientes sin enviar ningún producto a cambio.

Además del hecho de que están infringiendo la ley, una de las mayores preocupaciones en torno a los mercados oscuros es la confiabilidad. En varios casos, los mercados oscuros han desaparecido repentinamente con millones de dólares en fondos de custodia, dejando a los clientes sin su dinero.

La aplicación de la ley también está mejorando en la dirección de estos mercados oscuros y derribándolos.

En noviembre de 2014, la Operación Onymous (Cubrilovic, 2014), una operación policial internacional, incautó más de 400 dominios de la dark web. Mercados oscuros como CannabisRoad, Blue Sky y Hydra han sido desmantelados.

Según las autoridades encargadas de hacer cumplir la ley, han encontrado una forma de apuntar a los sitios que utilizan Tor, aunque se han negado a revelar cómo. Los mercados oscuros continúan operando y las fuerzas del orden siguen desmantelándolos en un juego continuo del gato y el ratón.

Cualquier persona que esté considerando participar en actividades ilegales a través de estos mercados debe ser consciente de los riesgos. Para rectificar esto, Silk Road proporcionaba un servicio de depósito en garantía.

Los clientes que compraban drogas a los vendedores que estaban listados en Silk Road enviaban sus fondos a Silk Road en lugar de al vendedor. El sitio web luego retenía estos fondos hasta que el cliente confirmaba que había recibido lo que había pedido.

Posteriormente, Silk Road liberaba los fondos al vendedor. Estos fondos siempre se enviaban en bitcoin, en lugar de moneda física, porque cuando se utiliza correctamente, la red puede proporcionar un mayor grado de anonimato.

Normalmente, las drogas se enviaban por correo postal, ya sea a casillas de correos o, en el caso de clientes menos sospechosos, directamente a su dirección. Una de las principales cosas que alertaron a las fuerzas del orden sobre las operaciones de Silk Road fue el aumento en la interceptación de drogas en el correo.

En realidad, Silk Road no era un mercado descentralizado, sino que era operado en una computadora controlada por Ulbricht. Sin embargo, estaba protegido porque funcionaba en Tor, que es un protocolo de comunicación diseñado para ofrecer anonimato a quienes lo utilizan. Tor, desarrollado originalmente por la Armada de los Estados Unidos, se ha vuelto popular entre aquellos que desean proteger su identidad en línea.

Mercados en la Darknet

Un mercado en la darknet o cryptomarket es un sitio web comercial en la web que opera a través de darknets como Tor o I2P. Los mercados en la darknet funcionan principalmente como mercados negros mayoristas, como la venta y la intermediación de transacciones que involucran drogas, armas cibernéticas, armas, moneda falsificada, detalles de tarjetas de crédito robadas, documentos falsificados, productos farmacéuticos sin licencia, esteroides y otros bienes ilícitos, así como la venta de productos legales.

Un estudio realizado por Gareth Owen de la Universidad de Portsmouth sugirió que los segundos sitios más populares en Tor eran los mercados en la darknet. Siguiendo el modelo desarrollado por Silk Road, los mercados contemporáneos se caracterizan por el uso de acceso anónimo en la darknet, pagos en bitcoin con servicios de depósito en garantía y sistemas de retroalimentación de vendedores similares a los de eBay.

Vendor product breakdown as on 3 June 2015.

S.No	Product	Breakdown (%)
1	Cannabis	31.6
2	Pharmaceuticals	21.05
3	3,4-Methylene Dioxy Methamphet Amine (MDMA)	10.530
4	Lysergic acid diethylamide (LSD)	5.26
5	Methamphetamine	5.26
6	Mushrooms	5.26
7	Heroin	5.26
8	Seeds	5.26
9	Video Games	5.26
10	Accounts	5.26

Grupos y Servicios de Hacking

La dark web es uno de los remanentes más fascinantes de la humanidad, un pantano aglutinador de todos los aspectos más oscuros de la actividad en internet, como imágenes de abuso infantil, mercados de drogas, tiendas de armas, contenido obsceno violento, mercancía robada, guías anarquistas, chats terroristas, robo de identidad, servicios de hacking y mucho más. A continuación se describe el potencial de utilizar estos servicios para el hacking.

Lo que realmente debería pensar el usuario es que "Navegar por contenido pornográfico en modo incógnito no es tan privado como cree". Uno de los foros de hacking más grandes de internet que utiliza el concepto de la dark web es FreeHacks. Es una comunidad rusa que tiene como objetivo reunir colectivamente sus recursos para maximizar la eficiencia y la difusión del conocimiento. Funciona de manera similar a cualquier foro típico, como abrir el navegador Tor, copiar y pegar la URL y llegar a una página de inicio con varios subforos. Los subforos están bien divididos en diferentes categorías, como:

• Noticias del mundo del hacking
• Humor
• Hacking y seguridad
• Carding (robo de tarjetas de crédito y su posterior uso en internet)
• Botnet (una red de bots utilizada para robar datos, enviar spam o realizar ataques de denegación de servicio)
• Electrónica y phreaking (phreaking consiste en intentar vulnerar la seguridad de una red)
• Brutus (software utilizado para descifrar contraseñas)

- DDOS (sobrecargar un servidor con solicitudes para hacer que se caiga)
- SEO-optimización
- Programación
- Desarrollo web
- Malware y exploits
- Software privado
- Mercado de ropa (personas que utilizan tarjetas de crédito robadas para comprar ropa y revenderla)
- Operaciones financieras
- Documentación (pasaportes, licencias de conducir, ciudadanías)
- Lista negra (un sistema judicial comunitario).

La actividad ilegal mencionada anteriormente abarca una cantidad abrumadora de información, procedente de un foro ruso y con más de 5,000 miembros activos. Esto es solo una visión general; incluso cada subforo se divide en docenas de otros subforos.

Cuando un usuario intenta registrarse en cualquier sitio de hacking, se encuentra con una especie de declaración de misión, una extraña justificación para sus propias actividades ilegales.

Una vez que pasas por el riguroso proceso de registro en el que debes declarar por qué quieres unirte al foro y qué habilidades de desarrollo de software tienes y quieres aprender, se te concede acceso a este tesoro de información ilícita. Parece más patológico e irónico: estos hackers que básicamente se les paga por dificultar la vida de las personas intentan justificarlo con una proclamación fascinante.

La palabra "hacker" se utiliza incorrectamente con el significado de "ladrón de computadoras" por algunos periodistas. Sin embargo, los hackers se niegan a aceptar tal interpretación y continúan implicando el significado de "alguien a quien le gusta programar y disfrutarlo".

Servicios de Fraude

En los últimos días, ha surgido un mayor número de servicios fraudulentos, como la falsificación de documentos, la falsificación o la falsificación, que son tipos de fraude. El robo de información personal, como el número de seguro social o la identidad, es otro tipo de fraude.

El fraude puede ser comunicado a través de varios medios, incluyendo correo, transferencia electrónica, teléfono e internet, que puede ser conocido como fraude informático o fraude en internet. Sin embargo, en la dark web, los servicios fraudulentos de reembolso se están convirtiendo en otro tipo de ataque para los actores maliciosos.

Los actores maliciosos se dirigen a minoristas en línea y sectores bancarios aprovechando sus generosas políticas de reembolso para reclamar fraudulentamente dinero o reemplazos de productos que no han comprado.

Estos servicios representan una forma particularmente persistente de ciberdelito, ya que los comerciantes se encuentran atrapados entre tratar de garantizar la satisfacción del cliente y mitigar la pérdida de aproximadamente 50,000 euros cada mes debido a la ciberdelincuencia.

Por ejemplo, un caso típico de fraude ocurre cuando el supuesto comprador falso afirma que el producto que supuestamente compró nunca llegó. Debido a la intensa competencia entre los minoristas en línea, muchos de ellos responden de inmediato a tales reclamaciones con reembolsos o reemplazos, puramente para controlar los daños a su reputación y mantener al cliente satisfecho.

Los servicios fraudulentos de reembolso han crecido significativamente desde 2017, aprovechando el aumento de las ventas en línea. Estos servicios se discuten abiertamente en los foros de la dark web, donde los vendedores fraudulentos están dispuestos a ofrecer sus "servicios especializados" a terceros interesados.

A cambio de un servicio efectivo, estos vendedores ilegales obtienen un gran número de seguidores y crean una reputación favorable para la continuidad de su negocio. Se sabe que los clientes satisfechos van tan lejos como para dejar capturas de pantalla junto con mensajes de agradecimiento y elogios después de una estafa de reembolso exitosa.

Los vendedores que llevan a cabo estafas de manera exitosa a menudo reciben negocios repetidos de muchos de sus clientes, quienes a veces están lo suficient

emente satisfechos como para dejar comentarios positivos sobre su experiencia. A medida que los minoristas en línea luchan por encontrar una forma de evitar este tipo de estafa, cada vez aparecen más vendedores ilícitos en estos foros de la dark web ofreciendo sus servicios.

Este aumento en la actividad delictiva ha llevado a una invasión en la publicidad de recibos fraudulentos en la dark web. Estos recibos falsos a menudo parecen auténticos y pueden ser diseñados para apuntar a una amplia variedad de minoristas en línea.

Los vendedores de recibos falsos se basan en la ingeniería social como enfoque principal, ya que no existen parámetros que se deban sortear en este escenario. La naturaleza personalizable de estos recibos falsos solo dificulta más a las empresas anticipar el próximo movimiento de estos actores.

Estos recibos también representan un gran problema para muchas tiendas en línea, como predicen cautelosamente los analistas de Flashpoint. Además de saturar el mercado con una cantidad indeterminada de recibos falsos, estos vendedores ilícitos han facilitado que los actores maliciosos reclamen reembolsos incluso sin realizar la compra inicialmente.

De manera similar, han dificultado cada vez más que las empresas detecten casos de fraude, incluso si son perpetrados por la misma persona.

La disponibilidad de recibos falsos físicos dificultará que las tiendas suspendan a las personas que los utilicen para reclamar reembolsos de manera indebida. Como un riesgo adicional, los recibos físicos harán imposible que los minoristas eviten reembolsar a los clientes por productos robados.

Varios vendedores ilícitos ofrecen recibos digitales y virtuales junto con números de serie de productos solo para aumentar la legitimidad del reclamo. Además de la preocupación relevante de tener un mercado inundado de números de serie falsos, la disponibilidad de números de serie falsos de productos lleva a los analistas de Flashpoint a especular que estos vendedores poseen el software generador de números de serie.

Ya se han detectado varios tipos de este software en diversos foros tanto en la web oscura como en la web convencional. El aumento de la competencia entre los minoristas en línea y la necesidad de transparencia seguirán obligando a los minoristas a ampliar sus políticas generosas, generalmente a expensas propias.

Esta brecha es una que solo puede ampliar la competencia de las empresas para diferenciarse y construir bases de clientes leales. Aunque la situación parezca miserable, las empresas en línea pueden evitar caer en algunas de estas reclamaciones fraudulentas al analizar cuidadosamente todas las solicitudes de reembolso antes de cumplirlas.

Un servicio de inteligencia dedicado puede facilitar esto y ayudar a las empresas a evitar pérdidas masivas debido al cibercrimen.

Bromas y contenido no verificado

Un mercado de asesinatos es un mercado de predicciones donde cualquier parte puede hacer una apuesta (utilizando dinero electrónico anónimo y reenvíos seudónimos) sobre la fecha de muerte de una persona en particular y recibir un pago si "adivina" la fecha con precisión.

Esto incentivaría el asesinato de personas porque el asesino, al saber cuándo tendría lugar la acción, podría obtener ganancias al hacer una apuesta precisa sobre el momento de la muerte del sujeto.

Debido a que la recompensa es por elegir con precisión la fecha en lugar de llevar a cabo la acción del asesino, es considerablemente más difícil asignar responsabilidad penal por el asesinato.

Existen informes de asesinatos financiados mediante crowdfunding y sicarios a sueldo, sin embargo, se cree que son exclusivamente estafas. El creador de Silk Road, Ross Ulbricht, fue arrestado por las investigaciones de Seguridad Nacional (HSI) por su sitio y supuestamente por contratar a un sicario para matar a seis personas, aunque los cargos fueron retirados posteriormente.

Existe una leyenda urbana de que se puede encontrar asesinatos en vivo en la web oscura. El término "Red Room" se ha acuñado basado en la animación japonesa y la leyenda urbana del mismo nombre.

Sin embargo, las pruebas apuntan a que todos los casos reportados son bromas. El 25 de junio de 2015, el videojuego independiente Sad Satan fue revisado por los youtubers Obscure Horror Corner, quienes afirmaron haberlo encontrado a través de la web oscura.

Varias inconsistencias en los informes del canal generan dudas sobre la versión reportada de los hechos. Existen varios sitios web que analizan y monitorean la web profunda y la web oscura en busca de inteligencia de amenazas, como por ejemplo Sixgill.

Phishing y estafas

Un sitio web de phishing (a veces llamado sitio "falsificado") intenta robar la contraseña de tu cuenta u otra información confidencial haciéndote creer que estás en un sitio web legítimo. Incluso podrías caer en un sitio de phishing si tecleas incorrectamente una URL (dirección web). El phishing a través de sitios web clonados (Elangovan et al., 2019) y otros sitios de estafas son numerosos, y los mercados de la darknet a menudo se anuncian con URL fraudulentas.

Puzzles

Puzzles como Cicada 3301 y sus sucesores a veces utilizan servicios ocultos para proporcionar pistas de manera más anónima, aumentando así la especulación sobre la identidad de sus creadores.

Pornografía ilegal y éticamente cuestionable

Existen acciones regulares de aplicación de la ley contra sitios que distribuyen pornografía infantil, a menudo comprometiendo el sitio al distribuir malware a los usuarios (Mark, 2014). Los sitios utilizan sistemas complejos de guías, foros y regulación comunitaria. Otros contenidos incluyen tortura sexualizada y matanza de animales y pornografía de venganza.

Terrorismo

Existen al menos algunos sitios web reales y fraudulentos que afirman ser utilizados por el Estado Islámico de Irak y el Levante (EIIL), anteriormente conocido como ISIS, incluido uno falso incautado en la Operación Onymous.

A raíz de los ataques de París en noviembre de 2015, un sitio web real de este tipo fue hackeado por un grupo de hackers afiliado a Anonymous llamado GhostSec y reemplazado por un anuncio de Prozac. En algún momento se descubrió que el grupo islamista Rawti Shax operaba en la dark web.

Redes sociales

Dentro de la dark web existen plataformas emergentes de redes sociales similares a las que se encuentran en la World Wide Web. Facebook y otras plataformas de redes sociales tradicionales han comenzado a crear versiones de la dark web de sus sitios web para abordar problemas asociados con las plataformas tradicionales y continuar brindando sus servicios en todas las áreas de la World Wide Web.

Conclusión

La web profunda continuará desconcertando y fascinando a todos los que usan Internet. Contiene una cantidad fascinante de conocimiento que podría ayudarnos a evolucionar tecnológica y como especie cuando se conecta con otros fragmentos de información.

Y, por supuesto, su lado oscuro siempre estará al acecho, como siempre ocurre en la naturaleza humana. La web profunda habla del potencial insondable y disperso no solo de Internet, sino también de la raza humana. Independientemente de si existe la Dark Web o no, las actividades mencionadas siguen ocurriendo.

La Dark Web simplemente proporciona una forma fácil de conectar con personas de intereses similares y facilitar una mayor interacción.

Enlace a todas las imágenes de este libro.

Si tiene problemas para ver alguna de las imágenes de este libro, puede descargarlo.

Aquí esta la enlace a todas las imágenes en este libro:

http://bit.ly/2RuEhIY

¿Tiene alguna inquietud o solicitud? Póngase en contacto con nosotros a través de cualquiera de las direcciones de correo electrónico a continuación.

Ojula Technology Innovations
OjulaTech@gmail.com

Referencias

Abbasi, A., & Chen, H. (2007). "Affect intensity analysis of dark web forums". In *2007 IEEE Intelligence and Security Informatics* (pp. 282-288). IEEE.

Cubrilovic, N. (2014). "Large number of tor hidden sites seized by the fbi in operation onymous were clone or scam sites". URL : *https://www. nikcub. com/posts/onymous-part1*

Egan, M. (2015). "What is the dark web? How to access the dark website – How to turn out the lights and access the dark web (and why you might want to)".

Elangovan, R., & Prianga, M. (2019). "Side Channel Attacks in Cloud Computing". In *Cognitive Social Mining Applications in Data Analytics and Forensics* (pp. 77-98). IGI Global.

Greenberg, A. (2014). "Hacker Lexicon: What Is the dark web?".

Manikandakumar, M., & Ramanujam, E. (2018). "Security and Privacy Challenges in Big Data Environment". In *Handbook of Research on Network Forensics and Analysis Techniques* (pp. 315-325). IGI Global.

Mark, W. (2014). "Tor's most visited hidden sites host child abuse images". BBC News

Nakamoto, S. (2008). "Bitcoin: A peer-to-peer electronic cash system".

Qin, J., Zhou, Y., Lai, G., Reid, E., Sageman, M., & Chen, H. (2005). "The dark web portal project: collecting and analyzing the presence of terrorist groups on the web". In *Proceedings of the 2005 IEEE international conference on Intelligence and Security Informatics* (pp. 623-624). Springer-Verlag.

Solomon (2015). "The Deep Web vs. The dark web".

Syverson, P., Dingledine, R., & Mathewson, N. (2004). "Tor: The second generation onion router". In *Usenix Security*.

Van Hout, M. C., & Bingham, T. (2013). "'Silk Road', the virtual drug marketplace: A single case study of user experiences". *International Journal of Drug Policy, 24*(5), 385-391.

David L. Chaum, 'Untraceable Electronic Mail, Return Addresses, and Digital Pseudonyms', *Communications of the ACM*, vol. 24, no. 2, February 1981, p. 85.